DISCOURS

SUR

'INSTRUCTION PUBLIQUE.

DISCOURS

SUR

L'INSTRUCTION PUBLIQUE,

PAR J. B. LECLERC,

Député du département de Maine et Loire à la Convention Nationale.

Du 18 décembre 1792, l'an Ier. de la République.

A PARIS,

DE L'IMPRIMERIE DE H. J. JANSEN,

RUE DES SAINTS-PÈRES, No. 1195, F. S. G.

AN 6me.

DISCOURS

SUR

L'INSTRUCTION PUBLIQUE.

CITOYENS,

VOTRE comité n'a pas assez cherché les moyens de faire fréquenter universellement ce qu'il appelle les *écoles primaires*, et par cela seul il a manqué son but.

Si vous admettez, tel qu'il est, le projet de décret qui vous est présenté, vous regretterez bientôt de n'avoir fait au peuple qu'une vaine promesse; au lieu d'une institution utile et respectable, vous ne ferez qu'étendre sur la surface de la république, la plaie mortelle des écoles dites *de charité ;* vos nouveaux établissemens ne seront ni moins déserts, ni mieux dirigés ; vous n'aurez, au lieu d'instituteurs, que des maîtres d'école, semblables à ceux que l'insouciance du gouvernement laissa jusqu'ici dans nos campagnes et même dans nos villes : ainsi, avec des frais énormes, le peuple restera ou mal instruit ou sans instruction.

Mais cette ignorance du peuple n'est ni le seul ni le plus grave des maux qu'entretiendroit dans l'état l'admission pure et simple du projet de décret. J'y vois de plus un obstacle invincible à l'inauguration des mœurs républicaines, et par conséquent à l'établissement de la république.

Je vais développer ces propositions.

Je ne considérerai pas les écoles primaires comme faisant partie du système général d'instruction publique : j'en dirai les raisons.

Je prouverai que ces écoles ne peuvent être profitables à l'état, si tous les citoyens sans distinction ne sont pas rigoureusement tenus d'y envoyer leurs enfans. J'indiquerai des moyens qui concilieront la sévérité de ce principe avec la liberté individuelle et les obstacles qui pourroient naître des localités.

Il ne s'agit point ici de poser les bases d'un systême scientifique. Une école dans laquelle on enseigne, comme le porte l'article premier du projet qui vous est présenté, *les connoissances rigoureusement nécessaires à tous les citoyens*, ne sauroit rester unie dans la pensée avec tous les autres degrés d'instruction ; cet objet important de la prospérité de l'état veut être traité isolément et d'après les seuls principes de la politique.

C'est pour n'avoir pas assez médité cette distinction que votre comité a mal défini les devoirs de l'état, relativement à l'instruction publique. Je n'aime pas à disputer sur les mots : néanmoins cela devient nécessaire pour préciser les idées et mettre dans un plus grand jour ma manière d'envisager cet objet. Je vais donc me permettre un léger examen de la définition du comité.

Je vois, dans les premières lignes du rapport de Lanthenas, que l'instruction publique est *la première dette de l'état envers tous les citoyens*.

Ceci dit trop peu pour les écoles primaires et trop pour les autres degrés d'instruction.

L'établissement des écoles primaires n'est pas une simple dette dont le créancier peut faire la remise et pour laquelle le débiteur a tout fait lorsqu'il s'est mis en posture de payer; c'est une obligation qui emporte réciprocité, de manière que si, d'un côté, chaque citoyen doit naître avec la certitude d'être instruit des choses qui lui sont *rigoureusement nécessaires*, il naît aussi avec le devoir de se procurer ces connoissances. Pour ce qui est des autres degrés d'instruction, au contraire, personne n'étant tenu de les parcourir, s'ils sont, comme j'en conviens, une dette de la république, tout homme sensé doit convenir aussi que ce seroit en exagérer l'importance que de la placer au premier rang. Ainsi de ces deux parties évidemment distinctes, l'une est plus que *la première dette de l'état* et l'autre est moins, d'où il suit que votre comité a fait une confusion d'idées. Gardons-nous de l'imiter. Ecartons dans cette discussion tout ce qui a trait au systême général de l'enseignement. De quoi s'agit-il ici? De disposer aux sciences ou aux arts les enfans de la patrie? Non : mais de leur apprendre ce qu'il importe que tout citoyen sache, de telle manière qu'il puisse, absolument parlant, être heureux et bien servir la république sans être obligé de recourir à des notions plus relevées. Traitons donc cette matière en législateurs plutôt qu'en savans; et pour éviter toute espèce de rapprochement dans les idées, commençons par supprimer la dénomination *d'écoles primaires :* substituons-y celle *d'écoles du citoyen.* Cette dénomination porte avec elle un sens plus précis, et indique mieux les rapports sous lesquels cet objet doit être envisagé.

J'ai pris l'engagement de prouver que les *écoles du citoyen* ne seront d'aucune utilité à la patrie si elles ne sont pas rigoureusement communes à tous; j'ai peu de choses à dire sur cela.

Je ne m'appuierai ni sur l'opinion des philosophes, ni sur l'exemple des républiques anciennes; je puiserai toutes mes preuves dans la pratique du projet du comité et dans ses effets sur le caractère national.

J'examine d'abord ce projet comme plan d'instruction seulement.

Votre comité permet aux riches de s'abstenir des écoles, ou plutôt il semble les y inviter, puisqu'il ne leur cache pas qu'il spécule sur la préférence qu'ils donneront à l'éducation particulière de leurs enfans, pour diminuer dans les villes le nombre des instituteurs.

Les riches ne seront que trop disposés à céder à cette insinuation; ainsi, en supposant qu'un beau zèle anime tout le reste de la société, voilà déja une portion considérable pour laquelle l'établissement qu'on vous propose devient un objet à peu près indifférent, et c'est précisément celle qu'il étoit le plus important d'y intéresser, parce que par son éducaticn, ses lumières et ses loisirs elle est plus que l'autre en état de choisir de bons instituteurs et de les surveiller ensuite dans leur enseignement.

Mais dans l'autre portion n'y aura-t-il pas encore une subdivision? Ceux qui se croiront trop éloignés de l'école, les pauvres qui tirent parti des bras de leurs enfans dès qu'ils ont un peu de consistance; enfin, les insoucians, les hommes qui ne se croient pas faits pour l'instruction, parce qu'ils ont l'habitude d'une ignorance héréditaire (et ceux-là sont en grand nombre dans les campagnes), tous ces citoyens, dis-je, ne se tiendront-ils pas aussi à l'écart?

Non, répondra quelqu'un, les écoles primaires sont universellement demandées, attendues; tous les citoyens s'empresseront de profiter de leur établissement, parce que le nouvel état des choses a fait généralement sentir le besoin d'instruction.

Je dis que cela n'est pas exact : ce ne sont pas les citoyens qui demandent les écoles primaires qui en ont le plus de besoin. Ceux-là sont dans une ignorance si profonde qu'ils ne savent même pas que vous leur préparez ce bienfait : mais parmi les personnes même qui vous pressent de les établir, combien en est-il que les fanatiques en éloigneront par cela seul que vous aurez eu la sagesse d'écarter de l'enseignement tout ce qui a trait à la religion? N'en doutez pas, bien des pères surpris, scandalisés même de ce que vous aurez fait composer des livres nouveaux pour remplacer *les Heures* et *le Catéchisme*, ouvriront facilement leurs cœurs aux malignes impressions des prêtres; et soit par leur propre foiblesse, soit par condescendance pour celle de leurs femmes, ils voueront volontairement leurs enfans à l'ignorance, tant les préjugés religieux ont encore d'empire.

A quoi se réduit alors le nombre de vos élèves? Quels hommes avez-vous pour leur choisir des instituteurs, et qui daignera se mettre sur les rangs pour l'être? Je le dis avec douleur : vos écoles seront à peine aussi suivies que celles que nous nommons maintenant écoles de charité. Les instituteurs seront ridiculement choisis, tant parce que la classe éclairée des riches ne mettra aucun intérêt à ce choix, que parce qu'il n'y aura parmi les candidats que les ignorans ou les hommes de mauvaises mœurs qui ont avili jusqu'ici les fonctions de maître d'école.

On m'objecte que pour ne pas faire usage des écoles primaires, les hommes éclairés ne s'en feront pas moins un devoir de guider leurs concitoyens dans le choix de bons instituteurs, et de porter sur un établissement aussi précieux l'œil de la surveillance.

Que ne m'est-il permis d'y croire! mais l'expérience ne le prouve que trop, où l'homme n'a pas un intérêt personnel, il n'agit qu'avec tiédeur et ce n'est pas dans une chose aussi pleine d'ennuis et de dégoûts qu'on peut s'en rapporter au patriotisme seul; voici d'ailleurs une réflexion qui détruit toute espérance à cet égard.

Il y a dans la tendresse paternelle un certain intérêt d'orgueil, un sentiment exclusif que les pères se dissimulent, mais qui agit sur les plus vertueux, comme furtivement et à leur insu. Ce sentiment, que je suis loin de condamner, les porte à voir avec un secret plaisir tout ce qui promet à leurs enfans de la supériorité, soit dans les formes extérieures, soit dans les graces de l'esprit. Quelqu'impérieuse que soit la voix de la patrie, l'ambitieux fera son possible pour empêcher que des talens capables de lui faire ombrage, ne sortent de la foule par les soins d'un instituteur habile. Il intriguera pour mettre à sa place un homme incapable, et l'homme de bien lui-même se retirera de l'élection, satisfait d'avoir acquitté sa conscience en donnant son suffrage au plus digne; mais joyeux peut-être d'avoir perdu sa voix, parce qu'il restera plus assuré par-là que ses enfans n'auront point d'émules à craindre.

La même chose arrivera dans la surveillance. Tel est le cœur de l'homme; son zèle ne se déploie dans toute son étendue que dans les choses qui l'intéressent directement, il est tiède pour ce qui n'intéresse que les autres, et prêt à composer avec ses devoirs pour s'opposer à ce qui pourroit blesser ou son ambition ou son amour-propre.

Quel fruit retirerez-vous donc de vos écoles ? Aucun. Elles seront complétement nulles pour l'instruction, et alors c'en est fait de l'égalité, car il n'en existe point chez un peuple dont une portion est, par quelque cause que ce soit, dans la dépendance de l'autre. Or, il est évident que l'ignorance absolue des habitans d'une partie de la république les met dans la dépendance des hommes instruits.

C'en est encore fait de la paix publique, car il n'en existe point chez un peuple où les intrigans et les ambitieux peuvent aisément exciter la multitude : or, rien n'est plus facile à mettre en mouvement, que les hommes qui ne connoissent ni leurs droits, ni leurs devoirs.

Maintenant, quelle influence auront vos écoles sur le caractère national ?

Aucune. Elles ne produiront pas le plus petit changement dans les mœurs. En vain feriez-vous composer des bibliothèques entières, l'aristocrate n'en communiquera pas moins à son fils les principes qui sont dans son cœur. L'enfant du riche n'en sera pas moins orgueilleux de son gouverneur, il n'en regardera pas moins en pitié les enfans du pauvre avec lequel il ne communiquera point. Le fanatique n'en fera pas moins de ses fils des imbécilles qui lui ressembleront, et troubleront la société comme leur père : en un mot, tout ira comme par le passé ; car ce ne sont pas les livres, mais les passions qui dirigent les hommes.

Que faut-il donc pour régénérer nos mœurs ? Une éducation commune. On n'y parviendra point sans ce moyen, et avec lui rien n'est plus facile.

En effet, grace à l'éducation commune, l'instruction se répand par-tout, et l'on est assuré qu'elle est bonne. Tous les citoyens y ayant le même intérêt, on peut choisir les instituteurs parmi des pères de famille respectables, il s'en présente un grand nombre, et l'on voit disparoître de la liste des candidats, ces êtres grotesques que les simples croyent fort habiles, parce qu'ils lisent et écrivent vaille que vaille. Alors les écoles sont bien dirigées. L'homme estimable qui est à leur tête, y met d'autant plus de soin, que les regards de tous ses concitoyens sont continuellement fixés sur lui.

Au moyen de l'instruction commune, vous déjouez toutes les passions funestes au bien public, vous dérobez le cœur des enfans à l'aristocratie des parens, à leur orgueil, à leur fanatisme. Vous les accoutumez à la sociabilité, à l'égalité. Devenus hommes, ils sont toujours des amis, des frères, *tous accordans ensemble*, comme dit le bon Plutarque, *pour avoir été, dans leur enfance, acheminés à une même trace, et moulés sur une même forme de la vertu.*

J'entends souvent parler de l'utilité, de la nécessité même des fêtes civiques. Et bien, en pouvez-vous imaginer une source plus abondante que l'instruction commune? En sera-t-il de plus intéressantes que celles où vous aurez à donner, en présence de tous les parens réunis, des éloges et des encouragemens, soit aux instituteurs, soit aux élèves qui se seront le plus distingués? Ne voyez-vous pas accourir à ces fêtes toutes les mères entourées de leur famille, et le célibat honteux s'enfuir à l'aspect des transports de la joie paternelle? Ah! comment votre comité a-t-il pu négliger ce ressort politique? Citoyens, si le vaisseau de l'état peut être sauvé, si la république doit arriver à bon port, c'est parce que vous aurez fait usage de ce gouvernail : sans lui, vos voiles vous précipiteront d'écueils en écueils, et vous périrez après une longue tourmente.

Mais, dira quelqu'un, n'est-ce pas gêner la liberté que de forcer les parens à envoyer leurs enfans aux écoles du citoyen? Non. C'est s'assurer, au contraire, que chaque individu aura les moyens de la conserver, et là-dessus la république ne doit s'en rapporter qu'à elle-même.

Mais, poursuit-on, n'est-ce pas blesser l'autorité paternelle?

Non. C'est seulement exercer celle de la patrie, et d'ailleurs on verra, par les articles que j'ai à proposer, que mon intention est de l'adoucir assez pour qu'on ne l'accuse pas d'être tyrannique.

Mais enfin, ajoute-t-on encore, n'est-ce pas attenter à la propriété du pauvre, qui reçoit souvent une partie de sa subsistance du travail de ses enfans?

Non; car je propose d'indemniser l'indigent de la privation des enfans qui lui servent de soutien, et je n'ai qu'un mot à répondre à ceux qui m'objecteroient l'énormité des frais que cela nécessite. Les riches ne songent pas assez que c'est sur-tout à eux qu'il importe que leurs frères ne restent pas dans l'ignorance, que l'état républicain est mêlé de dangers, et que souvent de légers sacrifices en empêchent de plus grands. Je les invite à bien méditer cet avertissement.

A Sparte, le père qui ne vouloit pas soumettre son fils à l'éducation commune, étoit privé des droits de citoyen : cela étoit juste ; il donnoit lieu à des soupçons, il contrarioit les loix établies ; il faisoit preuve d'égoïsme, et la première qualité du républicain est un dévouement entier à la volonté générale. Je vous propose de décréter la même chose, avec des modifications cependant que je crois convenables à nos mœurs et à notre localité.

Je ne développe pas ici ces modifications, parce qu'il suffira de les énoncer dans le projet de décret que j'ai à vous présenter, pour en faire sentir les motifs : mais je ne puis passer sous silence une observation qui sert à démontrer que, s'il est toujours juste que celui qui ne veut pas que ses enfans soient élevés sous les yeux de la république, ne participe pas aux droits du citoyen, cette mesure est sur-tout nécessaire dans les circontances où nous nous trouvons.

Le virus aristocratique et sacerdotal circule encore dans les veines de bien des hommes ; une loi sur l'instruction commune vous les fera connoître. Quiconque refusera d'y obéir, peut légitimement être soupçonné d'être atteint de l'une ou de l'autre de ces maladies, et certes il n'est personne de vous qui ne sente la nécessité de l'éloigner de toutes les assemblées politiques, comme un contagieux qu'il faut séparer de la foule, de peur que son mal ne devienne épidémique.

Je propose de substituer au premier article du projet du comité, celui-ci :

« Il sera établi, dans toute l'étendue de la république, des *écoles du citoyen*. On y enseignera les connoissances rigoureusement nécessaires à tous les citoyens. Les personnes chargées de l'enseignement de ces écoles, s'appeleront *instituteurs*. »

Je propose ensuite d'ajouter au projet les articles suivans :

Article Ier.

Nul ne sera dispensé d'envoyer ses enfans aux *écoles du citoyen.*

Art. II.

Il sera dressé, par les soins des officiers municipaux de chaque commune, un état de tous les enfans ayant atteint l'âge de sept ans. Cet état sera remis à l'instituteur.

Art. III.

Celui-ci tiendra registre des enfans qui ne se rendront pas à son école, et en fera son rapport au moins une fois par mois à la municipalité, qui sera tenue de mander devant elle le père, ou autre parent, chargé de chaque enfant. Le maire lui lira la présente loi, lui fera publiquement une représentation amicale et fraternelle, et lui dira ensuite: *Au nom de la république, je me plains de ce que vous ne remplissez pas envers l'enfant dont vous êtes chargé, les devoirs que vous impose la patrie.*

Art. IV.

Si dans le courant du mois qui suivra cet avertissement, l'enfant ne paroît point aux écoles du citoyen, l'instituteur en fera son rapport à la municipalité, qui mandera de nouveau le père, ou autre parent, chargé de l'enfant. Le maire lui rappelera la présente loi, l'avertissement précédent, et finira par ces mots : *Au nom de la république et pour la dernière fois, je me plains de ce que vous ne remplissez pas envers l'enfant dont vous êtes chargé, les devoirs que vous impose la patrie, et je vous préviens que, si dans le courant du mois prochain, il ne suit pas les écoles, vous aurez perdu vos droits de citoyen*, si c'est un homme, *et le droit d'assister aux fêtes civiques*, si c'est une femme.

Art. V.

Si ce second avertissement est inutile, l'instituteur en fera son rapport, et la municipalité prononcera que tel a perdu les droits de citoyen, ou que telle a perdue le droit d'assister aux fêtes civiques.

ART. VI.

Ne seront néanmoins tenus d'assister avec assiduité, ceux dont la demeure sera distante de plus de 500 toises, à condition toutefois que les parens justifieront qu'ils sont en état, soit par eux-mêmes, soit par d'autres, de procurer à leurs enfans les mêmes connoissances que celles qui seront enseignées dans les écoles du citoyen : mais ces enfans seront tenus de se rendre auxdites écoles au moins une fois par semaine, pour y subir un examen.

ART. VII.

Si par cet examen, il est constaté que l'enfant manque d'instruction, ou faute d'enseignement, ou par un mauvais mode d'enseigner, l'instituteur exigera qu'il rentre dans l'assiduité commune, et s'il y manque, il fera son rapport à la municipalité, qui se conformera à ce qui est prescrit par les articles III, IV et V du présent décret.

ART. VIII.

Si les parens prétendent que l'enfant est

suffisamment instruit, la municipalité ordonnera un nouvel examen en sa présence, un jour d'instruction publique, et jugera.

A r t. IX.

Les comités des secours, d'instruction publique, et des finances, se réuniront pour présenter, sous quinze jours, les moyens les plus efficaces de subvenir au besoins des enfans indigens, et d'indemniser leurs parens de la perte qui pourroit résulter pour eux, du tems que ces enfans consacreront à leur instruction dans les écoles du citoyen.

www.ingramcontent.com/pod-product-compliance
Lightning Source LLC
LaVergne TN
LVHW010259230826
846091LV00007B/3053